COMPRENDRE
LA LITTÉRATURE

MIXTE
Papier issu de sources responsables
Paper from responsible sources
FSC® C105338

RAYMOND QUENEAU

Exercices de style

Étude de l'oeuvre

© Comprendre la littérature.

22 rue Gabrielle Josserand - 93500 Pantin.

ISBN 978-2-75930-345-8

Dépôt légal : Septembre 2023

Impression Books on Demand GmbH

In de Tarpen 42

22848 Norderstedt, Allemagne

SOMMAIRE

- Biographie de Raymond Queneau............................. 9

- Présentation de *Exercices de style*......................... 15

- Résumé du roman... 19

- Les raisons du succès... 43

- Les différents types de réécritures............................. 49

- Étude du mouvement littéraire................................... 57

- Dans la même collection.. 63

BIOGRAPHIE DE RAYMOND QUENEAU

Raymond Queneau, fils de merciers, est né le 21 février 1903 au Havre. Il suit sa scolarité dans cette ville jusqu'au baccalauréat. Il se passionne très jeune pour la littérature et décide de partir faire des études de philosophie à la Sorbonne, à Paris. Il écrira dans *Les Derniers jours*, un roman autobiographique publié en 1936, que « lorsqu'[il] débarqua du train du Havre, il était timide, individualiste-anarchiste et athée. Il ne portait pas de lunettes, bien qu'il fût myope, et laissait croître sa chevelure afin de témoigner de ses opinions. Tout cela lui était venu en lisant des livres, beaucoup de livres, énormément de livres ».

Il adhère dès 1924 au mouvement surréaliste, où il côtoie entre autres André Breton – auteur du *Manifeste du surréalisme* –, Jacques Prévert et Philippe Soupault, qui font partie « du groupe de la rue du Château ». Après deux années de service militaire, il trouve un travail d'employé de banque. Il collabore aux travaux menés par les surréalistes et réalise ses premiers écrits. Le mouvement surréaliste s'attachait à renier la logique au profit de l'absurde, de l'irrationnel et surtout de la création. C'est ainsi que les membres de la rue du Château ont par exemple inventé le « cadavre exquis », « jeu qui consiste à faire composer une phrase, ou un dessin, par plusieurs personnes sans qu'aucune d'elles puisse tenir compte de la collaboration ou des collaborations précédentes », comme le mentionne *Le Dictionnaire abrégé du surréalisme* écrit par André Breton et Paul Éluard. Queneau épouse la belle-sœur d'André Breton.

En 1929, Raymond Queneau rompt promptement avec le mouvement et André Breton. Selon lui, les préceptes du surréalisme obstruent sa faculté créatrice. Il passe alors de plus en plus de temps à la Bibliothèque nationale de France et réalise une importante recherche sur ce qu'il nomme « les fous littéraires ». Ses écrits seront rassemblés et arrangés dans une *Encyclopédie de sciences inexactes*, ouvrage qui ne sera jamais publié. Il pense avoir perdu trois ans de sa vie avec ces recherches : « Seul intérêt : que cela n'en a pas. C'est tout. » dira t-il.

Il écrit son premier roman en 1933, *Le Chiendent*, publié aux éditions Gallimard. Il obtient le Prix des Deux Magots. La vie littéraire de Raymond Queneau s'amorce alors. Dès sa première œuvre, il révèle un goût prononcé pour l'exploration de l'acte d'écrire. Il compose ensuite *Gueule de pierre* en 1934 et traduit avec sa femme Jeanine *Le Mystère du train d'or*. Il publie *Les Derniers Jours*, son journal intime à peine remanié, hormis les noms des personnages. À partir de 1936, il tient dans *L'Intransigeant* une chronique, nommée « Connaissez-vous Paris ? », dans laquelle il conte des anecdotes littéraires et historiques sur la capitale française. Raymond Queneau affectionne particulièrement cette chronique et il est profondément affecté lorsque celle-ci est supprimée en 1938 : « Mon exploration de Paris pour CVP a été le seul événement marquant de ce genre pour moi – le seul en tout cas qui m'ait fait plaisir, cet ensemble : les recherches à la B.N., puis les promenades dans Paris, les enquêtes – oui ce fut pour moi un temps heureux – le bonheur. »

Il trouve alors un emploi de lecteur de manuscrits anglais aux éditions Gallimard (à l'époque appelées NRF), puis devient traducteur, secrétaire général et membre du Comité de lecture. De par ses fonctions, il découvrira bon nombre de nouveaux auteurs, tels Duras. Il reprend son *Encyclopédie de sciences inexactes* et le roman *Les Enfants du Limon*, publié en 1938. Il traverse à cette époque une crise spirituelle, entame une psychanalyse et souffre de fortes crises d'asthme. Après la Seconde Guerre mondiale, à la Libération, ses occupations sont surtout dirigées vers l'engagement politique et social et il refuse toute collaboration avec les journaux allemands, privilégiant les revues engagées dans la Résistance. Après la Libération, Queneau devient une figure majeure des activités culturelles établies dans le quartier de Saint-Germain-des-Prés et s'intéresse à toutes formes d'art ou de culture : il accroît son activité picturale, compose des chansons (pour Juliette Gréco notamment), écrit des scénarios cinématographiques, fonde avec Boris Vian une société de films et adhère à la Société de mathématiques de France. Il écrit également ses premiers grands succès : *Pierrot mon ami* (1942) et *Exercices de style* (1947). Il est élu à l'Académie Goncourt en 1951 et devient directeur de la collection « Nouvelle Encyclopédie de la Pléiade » des éditions Gallimard en 1954. Il demeure un artiste touche-à-tout et écrit même les dialogues français de *La Strada*, film du célèbre réalisateur italien Fellini. Queneau connaît la consécration lorsqu'il écrit en 1959 *Zazie dans le métro*, qui sera adapté au théâtre, puis au cinéma.

En 1960, il fonde l'OULIPO, l' « Ouvroir de Littérature Potentielle ». Il s'agit d'un groupe de recherche expérimentale, dont l'aspiration est la création poétique au carrefour de la littérature et des mathématiques. C'est ainsi que Raymond Queneau crée en 1961 *Cent milliards de poèmes*, un livre-objet composé de dix sonnets morcelés en quatorze bandes horizontales, permettant au lecteur de composer « cent mille milliards » de combinaisons poétiques, d'après les calculs de l'auteur.

Malgré son âge avancé, il continue son activité littéraire et écrit entre autres *Les Fleurs bleues* en 1965, *Le Vol d'Icare* en 1968 et *Morale élémentaire* en 1975. Sa femme Jeanine meurt en 1972, Queneau ne s'en remet pas et lui dédie *Le Voyage en Grèce*. Quatre ans plus tard, le 25 octobre 1976, il décède à son tour à l'âge de 73 ans.

PRÉSENTATION DE EXERCICES DE STYLE

Exercices de style est publié en 1947 aux éditions Gallimard. À la lecture du manuscrit, l'éditeur se montre quelque peu frileux, notamment car il ne sait comment classer cet ouvrage qu'il considère au seuil de la littérature. Ce livre est pourtant aujourd'hui l'un des plus célèbres de l'auteur. Queneau s'est attaché à écrire une histoire somme toute banale, quatre-vingt-dix-neuf fois et de quatre-vingt-dix-neuf manières différentes. Il s'est imposé à chaque fois un style bien particulier, style qu'il cite en guise de titre de chaque texte. Parmi les styles déclinés, nous pouvons citer à titre d'exemple le style « télégraphique », le style « géométrique », le style « passé simple », le style « auditif », le style « noble »… À l'image des préceptes oulipiens, la contrainte est en fait pour Raymond Queneau un incroyable stimulateur imaginaire et créateur. L'histoire racontée quatre-vingt-dix-neuf fois est d'une incroyable simplicité. Le premier texte, intitulé *Notations*, décrit de manière simple l'histoire :

« Dans l'S, à une heure d'affluence. Un type dans les vingt-six ans, chapeau mou avec cordon remplaçant le ruban, cou trop long comme si on lui avait tiré dessus. Les gens descendent. Le type en question s'irrite contre un voisin. Il lui reproche de le bousculer chaque fois qu'il passe quelqu'un. Ton pleurnichard qui se veut méchant. Comme il voit une place libre, se précipite dessus.

Deux heures plus tard, je le rencontre Cour de Rome, devant la gare Saint-Lazare. Il est avec un camarade qui lui dit : « Tu devrais faire mettre un bouton supplémentaire à ton par-dessus. » Il lui montre où (à l'échancrure) et pourquoi. »

Il s'agit donc d'une rencontre banale dans un bus parisien

entre deux hommes, le narrateur et un drôle de jeune homme au cou très long. Le jeune homme échange des propos virulents avec un autre passager. Le narrateur le recroise deux heures plus tard gare Saint-Lazare. Le jeune homme est en compagnie d'un ami qui lui conseille de rajuster son pardessus. Il s'agit donc d'une scène d'une banalité extraordinaire qui sera racontée quatre-vingt-dix-neuf fois.

En amont de la publication aux éditions Gallimard, quelques-uns des textes avaient déjà été publiés dans une revue. En 1963, les éditions Gallimard publient une édition augmentée de quarante-cinq « exercices de style parallèles peints, dessinés ou sculptés » par Jacques Carelman et de quatre-vingt-dix-neuf « exercices de style typographiques » de Robert Massin. Le succès est tel, qu'*Exercices de style* est adapté à plusieurs reprises au théâtre et inspire bon nombre d'artistes. Et ce sont justement les adaptations théâtrales qui promeuvent et font découvrir au public l'œuvre de Queneau, désolidarisant ainsi *Exercices de style* des conventions littéraires de l'époque.

RÉSUMÉ DU ROMAN

Notations

Le texte de base étant *Récit*, celui-ci en est une simplification.

En partie double

Queneau propose dans ce texte un travail sur la synonymie. Il reprend le premier texte en s'attachant à remplacer tout le vocabulaire par des synonymes.

Litotes

La litote est une figure d'atténuation qui consiste à en dire moins pour en suggérer davantage. Elle joue sur le sous-entendu. Ainsi, dans ce texte, Queneau amoindrit les faits de l'histoire initiale : par exemple, ce qui au départ était une dispute entre deux hommes devient une simple conversation.

Métaphoriquement

Le texte est ici gorgé de métaphores, figure qui consiste à remplacer un mot ou une idée par un autre mot d'un champ sémantique différent. C'est une comparaison sans terme comparatif qui rapproche les deux réalités distinctes. Dans le texte, la gare Saint-Lazare devient par exemple « un morne désert urbain ».

Rétrograde

L'auteur s'est attaché ici à inverser la chronologie de l'histoire initiale. Ainsi, le texte s'ouvre sur la rencontre entre le narrateur et les deux hommes gare Saint-Lazare, le dernier élément du texte liminaire.

Surprises

Le texte est entièrement écrit dans le registre de la surprise. Il est bien évidemment totalement ponctué de points d'exclamation.

Rêve

Le texte est tout simplement écrit à la manière d'un rêve : « Il me semblait que […]. »

Pronostications

L'histoire est entièrement racontée au futur. Le narrateur tutoie le jeune homme et lui conte ce qui va lui arriver.

Synchyses

Queneau s'amuse ici à modifier l'ordre des propositions des phrases : c'est le principe de la synchyse. Le texte est ainsi difficilement compréhensible : « Libre il s'assoit et se précipite vers une place, cela dit. »

L'arc-en-ciel

Dans ce texte, la majorité des substantifs sont accompagnés d'un adjectif désignant une couleur. Ainsi, l'autobus est violet, la place est jaune, la gare est orangée, le pardessus est rouge.

Logo-rallye

Le logo-rallye est une figure de style inventée par les

membres de l'OULIPO. Il s'agit d'une contrainte qui consiste à s'imposer des mots incongrus en amont de l'écriture. Ici, Queneau avait entre autres à placer dans son texte les mots « baïonnette », « chapelle » et « atmosphère ».

Hésitations

Le narrateur ne sait pas trop ce qu'il a vu. Nous pouvons noter que l'interrogation est de mise et que le texte est empreint du champ lexical de l'ignorance : « Je ne sais pas », « Je crois », « probablement ».

Précisions

Ici, le texte fourmille de chiffres, lui conférant une envergure de précision absolue. Ainsi, nous apprenons par exemple que le jeune homme est âgé de 27 ans 3 mois 8 jours et que l'homme âgé pèse 77 kg pour 1 m 68.

Le côté subjectif

La subjectivité est ce qui est relatif au sujet pensant. Ainsi, le texte est écrit du point de vue de celui à qui l'on conseille de raccommoder son pardessus.

Autre subjectivité

Par rapport au texte précédent, Le côté subjectif, le narrateur change et de ce fait le point de vue également. C'est cette fois un narrateur peu compatissant qui décrit la scène de sa rencontre avec le jeune homme. Le côté subjectif et Autre subjectivité visent à montrer à quel point le changement de point de vue influe le sens d'un texte.

Récit

Il s'agit certainement du texte le plus classique de par sa forme, son lexique, son registre et son style. Il emprunte les codes du récit traditionnel. Il est étrange que ce texte n'apparaisse pas en tant que texte liminaire.

Composition de mots

Queneau invente ici de nouveaux mots. Il s'agit, la plupart du temps, de mots composés ou de mots-valises (jeu de mots consistant à faire fusionner deux mots existants). De la sorte, on trouve dans le texte les termes de « quelquonquanonyme » et « spatiotemporalité ».

Négativités

Le texte est entièrement composé par la négation. L'auteur, à la place de dire ce qu'il y avait dans son histoire, privilégie ce qu'il n'y avait pas : « Ce n'était ni un bateau, ni un avion […]. Ce n'était ni le matin, ni le soir […]. » Cette figure de style se nomme la prétérition.

Animiste

Dans ce texte, ce n'est plus l'histoire du jeune homme qui est contée, mais celle de son chapeau. L'animisme est une croyance en une force qui anime les objets et la nature.

Anagrammes

Une anagramme est une figure de style qui consiste à inverser ou permuter les lettres, afin de créer un nouveau mot.

Les termes créés par Queneau n'ont ici aucun sens.

Distinguo

Un distinguo est le fait de faire une distinction entre deux choses. Dans ce texte, l'auteur s'attache, avec de nombreux jeux de mots homophoniques, à distinguer ce que c'était de ce que ce n'était pas : « Je vis (et pas avec une vis) un personnage (qui ne perd pas son âge). »

Homéotéleutes

L'homéotéleute est une figure de style qui consiste à répéter une ou plusieurs syllabes. Dans ce texte, Queneau s'amuse à sélectionner des mots contenant tous la lettre « u ». La première partie du texte est racontée avec des mots existants, tandis que dans la deuxième partie, le vocabulaire et carrément inventé. Queneau use ici largement du néologisme (création de nouveaux mots).

Lettre officielle

Queneau s'attache ici à employer les formules classiques des courriers officiels. Il commence ainsi sa lettre par : « J'ai l'honneur de vous informer des faits suivants dont j'ai pu être le témoin […]. »

Prière d'insérer

Le texte est écrit à la manière d'une quatrième de couverture, un texte qui tend à vendre un auteur et son ouvrage.

Onomatopées

Le texte est parsemé de mots reproduisant le son que font les choses. De cette manière, le bus fait par exemple « pla pla pla ».

Analyse logique

Les phrases ne sont formées que d'un seul mot : « Autobus. Plate-forme. […] Midi. » L'auteur décortique le texte pour donner à voir quels sont le lieu, le temps, l'action, les personnages et le message du texte.

Insistance

Dans ce texte, tout est répété et encore répété. Il est écrit dix fois qu'il s'agit de la « ligne S ». Queneau utilise ici la tautologie (répétition de la même idée), voire même l'écholalie (répétition systématique d'une partie de la phrase).

Ignorance

L'histoire est racontée par le narrateur qui n'a pas vu grand-chose et donc ne sait rien.

Passé indéfini

L'histoire est entièrement racontée au passé composé.

Présent

L'histoire est entièrement racontée au présent.

Passé simple

L'histoire est entièrement racontée au passé simple.

Imparfait

L'histoire est entièrement racontée à l'imparfait.

Alexandrins

L'alexandrin est un vers composé de douze syllabes divisé en deux hémistiches, eux-mêmes séparés par une césure. Queneau a ici repris cette composition classique :

« Un jour, dans l'autobus qui porte la lettre S,
Je vis un foutriquet de je ne sais quelle es-
Pèce qui râlait bien qu'autour de son turban
Il y eût de la tresse en place de ruban.
[…] »

Polyptotes

Le polyptote est une figure de style qui consiste à répéter un même terme sous différentes formes. Dans ce texte, c'est le mot « contribuable » qui est répété vingt-quatre fois, mais Queneau ne respecte pas exactement le polyptote puisque le mot « redondé » a toujours la même forme.

Aphérèses

L'aphérèse implique la suppression d'une ou plusieurs lettres au début d'un mot. Comme le montre la première phrase, ce texte est incompréhensible : « Tai obus yageurs. »

Apocopes

À l'inverse d'une aphérèse, une apocope implique la suppression d'une ou plusieurs lettres à la fin du mot. Cette fois, le texte est plus compréhensible : « Je mon dans un aut plein de voya. »

Syncopes

En linguistique, une syncope consiste en la suppression d'un ou plusieurs sons dans un mot.

Moi je

Ici, l'expression « moi je » conduit le texte. Cela confère bien évidemment une envergure égocentrique au narrateur.

Exclamations

Dans ce texte, le point d'exclamation est omniprésent. Les phrases ne sont pas complètes et il y a très peu de verbes conjugués : « Tiens ! Midi ! temps de prendre l'autobus ! »

Alors

Toutes les phrases de ce texte débutent par l'adverbe « alors ». Cette figure de style se nomme l'anaphore.

Ampoulé

Un discours ampoulé est un registre de langue marqué par l'exagération. Il consiste à employer de grands mots pour dire peu de choses : « Je remarquais, avec la précision et l'acuité de l'Indien sur le sentier de la guerre, la présence d'un jeune homme. »

Vulgaire

Le langage est ici familier, l'orthographe complètement disloquée, afin de donner au lecteur à entendre ce langage vulgaire, voire même de charretier : « Jmonte donc, jpaye ma place comme de bien entendu et voilàtipas qu'alors jremarque un zozo l'air pied, avec un cou qu'on aurait dit un télescope et une sorte de ficelle autour du galurin. »

Interrogatoire

Le texte est écrit sous forme de dialogue, ponctué de questions. Comme l'indique le titre, l'histoire est racontée sous forme d'interrogatoire : « – À quelle heure ce jour-là passa l'autobus de la ligne S de midi 23, direction porte de Champerret ? – À midi 38. »

Comédie

Queneau a ici réécrit le texte à la manière d'une pièce de théâtre. Les codes du théâtre classique sont respectés : la pièce est découpée en trois actes, eux-mêmes divisés en deux scènes. Le texte est parsemé de didascalies et les dialogues s'apparentent à la stichomythie, c'est-à-dire un échange de répliques courtes et vives.

Apartés

Un aparté est une réplique de théâtre prononcée par un personnage sur scène que les autres personnages n'entendent généralement pas. Il permet au public de comprendre la pensée du personnage qui le prononce. Dans ce texte, Queneau donne les sentiments intérieurs du narrateur : « L'autobus arriva tout gonflé de voyageurs. Pourvu que je ne le rate pas […]. »

Paréchèses

En linguistique, la paréchèse désigne la répétition d'une syllabe dans les mots successifs. Dans ce texte, c'est la syllabe « bu » qui est omniprésente : « bus », « bucolique », « grabuge », « buse ». Queneau transforme même certaines orthographes pour répondre à cette figure de style, comme le souligne l'utilisation du mot « taburet ».

Fantomatique

Le narrateur est dans ce texte un garde-chasse, faisant le compte-rendu de ce qu'il a vu se passer dans le « voisinage ». Le texte s'apparente à un procès-verbal au ton neutre.

Philosophique

Le narrateur, un philosophe, prend le bus et fait une rencontre. Cela devient pour lui l'occasion de méditer sur la coïncidence, l'attitude morale et la sociologie. Le registre de langue est soutenu.

Apostrophe

L'apostrophe est une figure de style consistant à interpeler le destinataire. Dans ce texte, Queneau apostrophe tant les objets que les personnages, comme le souligne la première phrase : « Ô stylographe à la plume de platine […]. » Ce texte est empreint de lyrisme.

Maladroit

La maladresse réside ici dans la manière d'écrire. Le narrateur hésite énormément, ne sait trop quel vocabulaire emprunter, comment faire ses transitions et finit par abandonner : « Je préfère m'arrêter. »

Désinvolte

Il s'agit ici de deux dialogues. Dans le premier, le narrateur se montre impertinent, dans le second c'est le jeune homme qui est impertinent. Les deux dialogues s'achèvent de la même manière par : « – Eh bien. Je me dis ça. »

Partial

La partialité consiste à favoriser une personne ou une idée au détriment d'une autre. Dans ce texte, toute l'histoire repose sur ce que fait et voit le narrateur. C'est un jeu sur le point de vue.

Sonnet

Queneau reprend ici les règles du sonnet classique : un poème, à forme fixe de quatorze vers, composé de deux quatrains et de deux tercets. Les rimes sont embrassées, c'est-à-dire qu'elles sont encadrées par d'autres rimes.

Olfactif

Queneau met ici en exergue notre sens de l'odorat. Le champ lexical utilisé est évidement celui de l'odeur : « senteur », « âcreté », « puanteur », « parfum »...

Gustatif

Ce texte fait appel à notre sens du goût avec un champ lexical adapté : « goût », « saveur », « gourmande », « dégustation », « palais »...

Tactile

Le sens du toucher est dans ce texte mis en relief : « caresse », « rêche », « douce », « gluante »...

Visuel

Les couleurs et les formes des objets sont mis en valeur dans le texte, pour nous donner véritablement à voir la scène.

Auditif

Le texte joue là encore sur un sens : l'ouïe. Il est parsemé de détails sonores tels le crissement, le braillement, les chants, la musique, la cacophonie et le silence.

Télégraphique

Le texte est ici entièrement rédigé à la manière d'un télégramme : « BUS BONDÉ STOP. »

Ode

Dans la tradition grecque, une ode est un poème lyrique destiné à être chanté. L'ode n'a pas vraiment de forme fixe. Queneau a ici composé une ode en deux strophes. Chaque vers est composé de quatre syllabes et se trouve systématiquement repris au vers suivant se terminant par le son « on ».

Permutations par groupes croissants de lettres

Queneau a repris le texte Récit et a mélangé toutes les lettres. Le texte est inintelligible.

Permutations par groupes croissants de mots

Queneau a repris le texte Récit et a mélangé l'ordre des mots. Cette fois, nous pouvons comprendre le sens du texte.

Hellénismes

L'hellénisme est l'étude de la civilisation grecque antique. Pour composer ce texte, Queneau a uniquement sélectionné des étymons grecs, c'est-à-dire des mots étant à l'origine d'autres mots. On trouve ainsi les termes « pétrolonautes », « anathématise », « compsanthrope ».

Ensembliste

Le texte est énoncé comme un problème de mathématiques : « C'est un sous-ensemble de P et il est lui-même l'union de C'. »

Définitionnel

Au lieu de nommer simplement les choses, Queneau en donne une définition encyclopédique. Ainsi, le bus est un « grand véhicule automobile public de transport urbain ».

Tanka

Queneau a ici fait un tanka. Il s'agit d'un court poème japonais dont la forme est fixe : il est composé de 31 syllabes, se déployant sur cinq lignes et ne comportant pas de rimes.

Vers libres

En poésie, le vers libre n'est soumis à aucune contrainte. Queneau a choisi de n'utiliser aucun verbe. En revanche, nous pouvons dégager de ce poème une forme intéressante. Il y a toujours un vers composé d'un substantif, suivi d'un vers composé d'un adjectif décrivant le substantif précédent.

Translation

Ce texte est régi par une contrainte oulipienne : la méthode S+7. Il s'agit de remplacer chaque substantif par le septième substantif qui le suit dans un dictionnaire.

Lipogramme

Le lipogramme est une figure de style oulipienne de contrainte, qui consiste à exclure une lettre d'un texte. Ici, Queneau s'est attaché à écrire ce texte en bannissant la lettre « e ».

Anglicismes

Un anglicisme est un emprunt à la langue anglaise. Ici, Queneau emprunte tout le vocabulaire à cette langue et en francise l'orthographe. Ainsi, on trouve les termes « manne » pour « homme » (man en anglais), ou encore « tèque » pour « prendre » (take en anglais).

Prosthèses

En linguistique, une prosthèse est un ajout de lettre ou de syllabe en début de mot, sans changer le sens de celui-ci.

Épenthèses

L'épenthèse consiste en l'enrichissement d'un phonème (la plus petite unité d'un son) à l'intérieur d'un mot pour en faciliter l'articulation.

Paragoges

En linguistique, la paragoge est une figure consistant à enrichir, par l'ajout d'un ou plusieurs phonèmes, la fin d'un mot.

Parties du discours

Queneau s'est ici amusé à classer les mots selon leur famille grammaticale. Il a de cette manière regroupé et classé les articles, les substantifs, les adjectifs, les verbes, les pronoms, les adverbes, les prépositions et les conjonctions.

Métathèses

En linguistique, une métathèse est une inversion de deux phonèmes ou de deux syllabes dans un mot. Le texte est ici incompréhensible : « étivant la quelerle il se prépicita sru enu pacle lirbe » signifie « évitant la querelle il se précipita sur une place libre ».

Par devant par derrière

Queneau s'est ici employé à ajouter par alternance derrière chaque mot les expressions « par devant » et « par derrière ». Il s'agit d'un procédé systématique.

Noms propres

Ici, tous les noms communs sont remplacés par des noms propres, majoritairement des prénoms.

Loucherbem

Le loucherbem (ou louchébem) désignait au XIXe siècle le jargon employé par les bouchers parisiens et lyonnais. On code les mots selon certaines règles : la consonne initiale est renvoyée en fin de mot et augmentée d'un suffixe, et la première lettre est remplacée par un « l ». Un boucher se dit alors un « loucherbem »

Javanais

Le javanais, qui peut aussi être appelé la langue de feu, est apparu en France au XIX[e] siècle. Il s'agit d'un langage codé qui utilise les sons parasites « av » ou « va ». Ainsi,

« deux heures plus tard je le revis devant la gare », donne dans ce texte « [d]eveux heuveureuves pluvus tavard jeveu leveu reveuvivis deveuvanvant lava gavare ».

Antonymique

Queneau s'emploie dans ce texte à remplacer les mots de l'histoire initiale par des mots de sens contraire. Ainsi, alors qu'il était midi dans le texte liminaire, il est dans celui-ci minuit et le jeune homme au long cou devient « un vieillard qui a la tête rentrée dans les épaules ».

Macaronique

Le macaronique est une langue inventée en Italie au XVe siècle. Cette langue, composée de l'italien auquel on ajoute des terminaisons latines, sert à écrire de la poésie. Le texte de Queneau, malgré l'incompréhension qu'il suscite, a une envergure tout à fait comique.

Homophonique

Le texte est exclusivement réécrit à l'aide d'homophones, c'est-à-dire des mots ayant la même prononciation mais n'ayant pas le même sens. De cette manière, l'autobus devient un « haut obus ».

Italianismes

Queneau s'est employé à une retranscription qui, si on la lit à haute voix, imite l'accent italien.

Poor lay Zanglay

Lu à haute voix, ce texte imite l'accent anglais.

Contre-petteries

La contrepèterie est un jeu de mots qui consiste à intervertir certaines lettres d'une phrase pour lui donner un nouveau sens. Dans le texte, ce qui dans un autre texte était une « ficelle tressée » devient une « tricelle fessée ». La contrepèterie n'est pas totalement respectée puisque un bon nombre de nouveaux mots formés n'ont en fait pas de sens.

Botanique

Raymond Queneau privilégie dans ce texte un champ lexical végétal : le jeune homme au long cou devient un « cornichon » et la Gare Saint-Lazare la « Serre des Banlieusards ».

Médical

L'auteur met en relief le champ lexical de la médecine : le long cou du jeune homme devient une « élongation trachéale » et le bouton du pardessus de l'homme de la gare Saint-Lazare devient un « furoncle ».

Injurieux

Le narrateur semble ici tout à fait désabusé, son attente est « infecte », le bus est « immonde », le jeune homme est un « con », la gare Saint-Lazare est un « monument dégueulasse ». Ce champ lexical souligne l'aversion absolue du narrateur.

Gastronomique

Dans ce texte, Queneau a mis en place tout un champ lexical de la gastronomie : les passagers du bus sont des « asticots dans un fromage trop fait » et plus loin, un « tas de nouilles ».

Zoologique

Ici, c'est le champ lexical concernant les animaux qui est mis en place : le jeune homme du bus devient par exemple « un zèbre au cou d'autruche qui portait un castor entouré d'un mille-pattes ».

Impuissant

Le texte est entièrement écrit sous forme de questions. Le narrateur se demande comment traduire par le texte les faits que l'on a vécus. Le texte soulève toute la problématique du passage du vécu à l'écriture.

Modern style

C'est un registre soutenu qui est emprunté dans ce texte, conférant au narrateur un caractère prétentieux.

Probabiliste

Le narrateur évalue de manière savante les probabilités qu'ont les gens de se rencontrer dans une si grande ville que Paris.

Portrait

Queneau établit dans ce texte un portrait scientifique du jeune homme du bus, comme on le ferait d'un animal : c'est un « bipède au cou très long qui hante les autobus de la ligne S vers midi. […] On le voit aussi, mais beaucoup plus rarement, aux alentours de la gare Saint-Lazare au moment de la mue ».

Géométrique

L'histoire est ici sous forme d'énoncé de problème arithmétique : « Déterminer la hauteur h de ce point de contact par rapport à l'axe vertical de l'homoïde A. »

Paysan

Queneau imite ici l'accent oral paysan. Pour se faire, il s'est totalement affranchi de l'orthographe.

Interjections

Une interjection est un mot qui permet d'exprimer une émotion spontanée, que ce soit la joie, la tristesse, la colère, ou la surprise. Elle joue sur le son inconscient que l'on fait lorsque nous sommes en proie à une émotion. Ainsi, nous pouvons citer comme interjections Ah ! Eh ! Oh ! Ha ! Hé ! Hi ! hi ! Hue ! Ohé ! Holà ! Ouf !
Ce texte dépourvu de sens est entièrement composé d'interjections et d'onomatopées, qui sont des imitations de bruits humain ou animal. Voici la dernière phrase du texte : « Tiens ! eh ! peuh ! oh ! heu ! bon ! »

Précieux

Le registre de langue est ici soutenu. Nous pouvons noter de nombreuses hyperboles (exagération d'une idée) et emphases (procédé d'insistance). Ainsi, l'histoire banale prend une envergure tout à fait démesurée : le bus est par exemple décrit comme un « chef-d'œuvre de l'industrie automobile française contemporaine ».

Inattendu

Il s'agit ici d'une conversation entre amis autour de la table d'un café. Un dénommé Albert raconte qu'il a rencontré un drôle de jeune homme dans le bus. Le dialogue est à la limite de l'absurde. On apprend à la fin qu'un de ses copains est l'homme de la gare Saint-Lazare qui conseille le jeune homme au sujet de son pardessus.

LES RAISONS
DU SUCCÈS

Contrairement à ce à quoi s'attendait Raymond Queneau, *Exercices de style* fut immédiatement un immense succès. L'ouvrage est mis en scène dès 1949 par Yves Robert et bon nombre d'autres mises en scène suivront. Il sera ensuite repris en musique par les Frères Jacques qui ont mis en chanson les textes du recueil. Ces adaptations ont indéniablement concouru au succès et surtout à la popularisation de l'ouvrage. En effet, ce livre facile à lire et gorgé d'humour a conquis les lecteurs de tous milieux. Il s'agit pourtant d'une œuvre originale pour son époque, qui aurait pu faire passer son auteur pour un érudit. Aucun autre auteur ne s'était auparavant attelé à travailler de cette manière sur le style. Réécrire quatre-vingt-dix-neuf fois la même histoire d'une banalité sans pareille est à l'époque tout à fait inédit.

D'où lui est donc venue l'idée d'une telle création ? D'une part, Raymond Queneau a montré tout au long de sa carrière un goût prononcé pour la potentialité de l'écriture. Il s'est toujours attaché à décortiquer la langue, afin de révéler toute l'ampleur dont elle recèle. C'est pourquoi il s'est rapproché un temps du mouvement surréaliste. Malgré sa rupture avec ce mouvement, Queneau en gardera le goût du jeu littéraire, ouvrant tous les possibles de l'écriture. Par ailleurs, l'auteur a lui-même confié avoir en fait été inspiré par une œuvre musicale. C'est en effet après avoir assisté avec son ami Michel Leiris à une interprétation de *L'Art de la fugue*, composée par Johann Sebastian Bach, que lui est venue l'idée de créer les *Exercices de style*. C'est en écoutant cette œuvre musicale entièrement basée sur la répétition qu'il s'est dit « qu'il serait bien intéressant de faire quelque chose de ce genre sur le plan littéraire », de créer « une œuvre au moyen de variations proliférant presque à l'infini autour d'un thème assez mince ». Les spécialistes de l'œuvre de Queneau l'ont d'autre part rapproché de Gustave Flaubert pour qui « il n'y a ni beaux ni vilains sujets, on pourrait presque établir qu'il n'y en a aucun, le style étant à lui seul une manière absolue de voir les choses ». Et il est incontestable que dans *Exercices de style*, le sujet importe peu. L'histoire d'un homme qui prend le bus n'a somme toute pas d'intérêt, si ce n'est qu'elle est au service du style.

Exercices de style est publié en 1947, au lendemain de la Seconde Guerre mondiale. À cette époque, aucun mouvement littéraire strict ne parvient à émerger. En revanche, des années 1920 à 1940, le surréalisme est en vogue. C'est un mouvement relevant de l' « automatisme psychique pur, par lequel on se propose d'exprimer, soit verbalement, soit par écrit, soit de toute autre manière, le fonctionnement réel de la pensée », selon André Breton. Comme nous le savons, Raymond Queneau, après avoir adhéré au mouvement, s'y est opposé. Nous pouvons alors voir *Exercices de style* comme une contestation envers le mouvement, puisque l'ouvrage est en totale contradiction avec les préceptes surréalistes. En effet, alors que le mouvement prônait l'écriture automatique voire même inconsciente, l'ouvrage de Queneau s'en affranchit en réfutant le hasard pour laisser place à la contrainte. Ainsi, si l'auteur garde en commun avec le surréalisme le goût pour les jeux de mots, *Exercices de style* est en nette opposition par l'absence totale de hasard au profit d'une maîtrise absolue du texte.

Raymond Queneau est donc tout à fait détaché de son époque, il est même à contre-courant. S'il ne s'est inspiré des œuvres dans l'air du temps, il est en revanche un précurseur ayant inspiré bien d'autres écrivains par la suite. De grandes œuvres ont en effet été créées à partir d'*Exercices de style*. Nous pouvons par exemple citer *La Cantatrice chauve* et le théâtre absurde de Ionesco, car comme l'a confié celui-ci : « Je crois que si je n'avais pas lu les *Exercices de style* de Raymond Queneau, je n'aurais pas pu présenter *La Cantatrice Chauve*, ni rien d'autre à une compagnie théâtrale. » Il est d'ailleurs à noter que le dernier texte d'*Exercices de style* intitulé « Inattendu » s'apparente tout à fait au théâtre de l'absurde : « – Tiens, j'ai vu quelque chose de drôle aujourd'hui, dit Albert. – Il fait chaud tout de même, dit Robert. – Quoi ? demanda René. [...] – Il se promenait de long en large avec un copain qui lui faisait remarquer que le bouton de son pardessus était placé un peu trop bas. – C'est en effet le conseil que je lui donnais, dit Théodore. » Le théâtre de l'absurde se caractérise par l'incohérence et un langage dénué de sens. En cela le dernier texte d'*Exercices de style* peut tout à fait être apparenté à ce style, ce qui nous permet de comprendre en quoi il a inspiré Ionesco. Par ailleurs, nous pouvons noter l'influence de l'ouvrage sur le grand écrivain italien Italo Calvino. En effet, *Si par une nuit d'hiver un voyageur* (publié en 1979) semble tout à fait inspiré de l'ouvrage de Queneau : ce livre est composé de dix incipits non aboutis. Enfin, nous pouvons noter une apparenté entre *Exercices de style* et *La Disparition* de Georges Perec (1969). À la manière du texte « Lipogramme » et de la figure de style du même nom, Perec s'est attaché à écrire tout un roman sans qu'il ne comporte une seule fois la lettre « e ».

De plus, *Exercices de style* fut à maintes reprises pastiché, transposé et parodié. Nous pouvons entre autres relever *Les Nouveaux exercices de style* de Bernard Demers qui donne quatre-vingt-dix-neuf autres variations de l'ouvrage de Queneau, *Nouveaux exercices de style* de Lucien d'Azay qui a pastiché Marguerite Duras, Pascal Quignard, Françoise Sagan et bien d'autres dans le style de Queneau, *Exercices de SFtyle* de Georges Pierru qui a adapté les exercices à la science-fiction, ou encore *Sexercices de style* du Québécois Emmanuel Aquin.

Exercices de style a été traduit dans plus de trente langues. Umberto Eco, qui a traduit l'ouvrage en italien, a trouvé dans cet exercice de style qu'est la traduction d'une telle œuvre, une large exaltation malgré sa difficulté : « Je sais donc quel plaisir on éprouve à souffrir sur une phrase qui vous résiste, qu'il faut trahir en respectant les intentions de son auteur. » Les adaptations théâtrales sont aujourd'hui indénombrables tant il y en a eues. La chaîne de télévision FR3 a même repris une adaptation théâtrale et l'a diffusée à deux reprises. Enfin, *Exercices de style* est devenu un classique dans les programmes scolaires de par son envergure pédagogique idéale pour comprendre les figures de style.

Queneau, par cette œuvre, a donc réussit un coup de maître : celui de parvenir à conquérir un large lectorat avec une histoire d'une banalité absolue.

LES DIFFÉRENTS TYPES
DE RÉÉCRITURES

Ces quatre-vingt-dix-neuf réécritures ne se situent pas toutes sur le même plan. Il y a des changements de registres, de genres, de formes littéraires, de champs lexicaux, de contraintes, de figures de style – qu'elles soient linguistiques ou rhétoriques. Ainsi, nous pouvons établir une classification des réécritures.

Réécritures sur le registre de langue :

- « Ampoulé »
- « Vulgaire »
- « Philosophique »
- « Injurieux »
- « Modern style »
- « Paysan »
- « Précieux »

Réécritures sur le registre littéraire :

- « Précisions »
- « Exclamations »
- « Surprises »
- « Interrogatoire »
- « Désinvolte »
- « Définitionnel »
- « Impuissant »
- « Probabiliste »
- « Portrait »
- « Géométrique »
- « Inattendu »

Réécritures sur la forme littéraire :

- « Notations »
- « Récit »
- « Comédie »
- « Lettre officielle »
- « Prière d'insérer »
- « Analyse logique »
- « Alexandrins »
- « Fantomatique »
- « Sonnet »
- « Télégraphique »
- « Ode »
- « Ensembliste »
- « Tanka »
- « Vers libres »
- « Partie de discours »
- « Géométrique »

Réécritures sur le point de vue du narrateur :

- « Le côté subjectif »
- « Autre subjectivité »
- « Animiste »
- « Moi je »
- « Apartés »
- « Partial »

Réécritures sur la conjugaison :

- « Rétrograde »
- « Pronostications »
- « Passé indéfini »

- « Présent »
- « Passé simple »
- « Imparfait »

Réécritures motivées par la contrainte :

- « Logo-rallye »
- « Permutation par groupes croissants de mots »
- « Permutation par groupes croissants de lettres »
- « Translation »
- « Lipogramme »
- « Par devant par derrière »
- « Noms propres »
- « Contre-petterie »

Réécritures sur le champ lexical :

- « Rêve »
- « L'arc-en-ciel »
- « Hésitations »
- « Ignorance »
- « Maladresse »
- « Olfactif »
- « Gustatif »
- « Tactile »
- « Visuel »
- « Auditif »
- « Hellénismes »
- « Botanique »
- « Médical »
- « Gastronomique »
- « Zoologique »

Réécritures sur les figures de style linguistiques :

- « Homéotéleutes »
- « Onomatopées »
- « Aphérèses »
- « Apocopes »
- « Syncopes »
- « Paréchèses »
- « Anglicismes »
- « Prosthèses »
- « Épenthèses »
- « Paragoges »
- « Métathèses »
- « Loucherbem »
- « Javanais »
- « Macaronique »
- « Homophonique »
- « Italianismes »
- « Poor lay Zanglay »

Réécritures sur les figures de style rhétoriques :

- « En partie double »
- « Litote »
- « Métaphoriquement »
- « Synchyses »
- « Composition de mots »
- « Négativités »
- « Anagramme »
- « Distinguo »
- « Insistance »
- « Polyptotes »
- « Alors »

- « Apostrophe »
- « Antonymique »

ÉTUDE DU MOUVEMENT LITTÉRAIRE

Raymond Queneau, avec *Exercices de style*, s'impose en véritable précurseur. Cette œuvre, publiée dès 1947, prophétise tout à fait un mouvement qui apparaît treize années plus tard, en 1960 : l'OULIPO, « l'ouvroir de littérature potentielle ». C'est Queneau, et son ami mathématicien François le Lionnais, qui ont fondé ce groupe de littérature expérimentale. La démarche oulipienne est tout à fait innovante, elle entrelace les mathématiques et la littérature. Elle est tout à fait en opposition avec le mouvement surréaliste qui préconisait l'aléatoire et le hasard dans la création littéraire, afin d'exacerber l'imaginaire. Comme l'explique Queneau : « Une autre bien fausse idée qui a également cours actuellement, c'est l'équivalence que l'on établit entre inspiration, exploration du subconscient et libération, entre hasard, automatisme et liberté. Or cette inspiration qui consiste à obéir aveuglément à toute impulsion est en réalité un esclavage. Le classique qui écrit sa tragédie en observant un certain nombre de règles qu'il connaît est plus libre que le poète qui écrit ce qui lui passe par la tête et qui est l'esclave d'autres règles qu'il ignore. » L'objectif oulipien est d'appliquer la logique algébrique à la création scripturale. C'est ainsi que Raymond Queneau crée en 1961 l'œuvre oulipienne par excellence : *Cent mille milliard de poèmes*. Il met en place de savants calculs combinatoires, compose dix sonnets dont chaque vers est écrit sur une bande de papier amovible, et obtient de cette manière 10^{14} poèmes, ce qui donne cent milliards de poèmes. Parmi les oulipiens, nous pouvons citer de grands noms de la littérature ou des arts plastiques, tels Jacques Roubaud, Jacques Prévert, Georges Perec, Italo Calvino, ou encore Marcel Duchamp. L'OULIPO a véritablement ouvert les champs des possibles, et c'est pourquoi une multitude de groupes s'en inspirant se sont créés, dont l'OUPEINPO (ouvroir de peinture potentielle), l'OUMUPO (ouvroir de musique potentielle), ou encore l'OUCIPO (ouvroir de cinéma potentiel). Les membres oulipiens sont élus à l'unanimité et le restent *ad vitam œternam*, à moins qu'ils ne se suicident devant huissier ! Si un membre meurt, il est alors « excusé pour cause de décès ». L'OULIPO existe toujours à l'heure actuelle, les membres se réunissent une fois par mois à la Bibliothèque nationale de France.

Les membres de l'OULIPO se sont attachés à élaborer des systèmes rigoureux visant, non pas à obstruer la création comme nous pourrions le penser, mais au contraire à dégager de nouvelles potentialités à l'art. Parmi les contraintes les plus célèbres misent en place par les oulipiens, nous pouvons citer la méthode S+7. Elle consiste à remplacer chaque substantif (S) d'un texte existant par le septième substantif trouvé après lui dans un dictionnaire (S+7). Queneau a de cette manière repris *La Cigale et la Fourmi* de Jean de la Fontaine, ce qui donne :

La Cimaise et la Fraction

La cimaise ayant chaponné
Tout l'éternueur
Se tuba fort dépurative
Quand la bixacée fut verdie :
Pas un sexué pétrographique morio
De moufette ou de verrat.
Elle alla crocher frange
Chez la fraction sa volcanique
La processionnant de lui primer
Quelque gramen pour succomber
Jusqu'à la salanque nucléaire.
« Je vous peinerai, lui discorda-t-elle,
Avant l'apanage, folâtrerie d'Annamite !

Interlocutoire et priodonte. »
La fraction n'est pas prévisible :
C'est là son moléculaire défi.
« Que ferriez-vous au tendon cher ?
Discorda-t-elle à cette énarthrose.
- Nuncupation et joyau à tout vendeur,
Je chaponnais, ne vous déploie.
- Vous chaponniez ? J'en suis fort alarmante.
Eh bien ! débagoulez maintenant. »

Treize ans avant qu'il ne fonde le mouvement, Raymond Queneau avait déjà mis en place certaines contraintes oulipiennes. Dans *Exercices de style*, on dénombre huit textes régis par de tels systèmes. Par exemple, le texte « Translation » est gouverné par la méthode S+7. Pour la composition de « Logo-rallye », l'auteur s'est imposé, en amont de sa création, divers mots incongrus à placer dans le texte. « Lipogramme » répond à la figure de style du même nom, excluant du texte une lettre, ici le « e ». Queneau s'est également imposé des procédés systématiques, comme le souligne « Par devant par derrière », texte dans lequel « par devant » et « par derrière » précède chaque mot.

Exercices de style, qui propose quatre-vingt-dix-neuf variations d'une même histoire, puise indéniablement sa force dans les différents styles qu'il met en exergue, qu'ils soient d'ordre rhétoriques, linguistiques, de genre, de registre, de contrainte, de forme ou de point de vue. Selon Queneau, « Il n'y a pas de différence de fond et de forme. » Ainsi, c'est un livre indéniablement surprenant que nous propose son auteur. Il dévoile le caractère obsessionnel de l'histoire racontée. Grâce à la répétition, le sens de l'histoire finit par se déliter. Nous pouvons en effet noter de nombreuses divergences et contradictions dans l'histoire : dans un des textes l'autobus arrive à 12h38, dans un autre, il arrive à 12h17 ; dans un des textes le jeune homme a 26 ans, dans un autre il a 27 ans 3 mois 8 jours. Ceci montre à quel point l'histoire n'a pas d'intérêt, elle est entièrement au service du style. En cela, Raymond Queneau se définit lui-même comme « un rat qui construit lui-même le labyrinthe dont il se propose de sortir ».

L'auteur, par cette œuvre, nous invite littéralement à pénétrer dans le laboratoire de l'écriture, au cœur de la création. L'aspiration absolue de Raymond Queneau semble d'éveiller la créativité du lecteur, en lui révélant que l'on peut distordre le langage.

DANS LA MÊME COLLECTION
(par ordre alphabétique)

- **Anonyme**, *La Farce de Maître Pathelin*
- **Anouilh**, *Antigone*
- **Aragon**, *Aurélien*
- **Aragon**, *Le Paysan de Paris*
- **Austen**, *Raison et Sentiments*
- **Balzac**, *Illusions perdues*
- **Balzac**, *La Femme de trente ans*
- **Balzac**, *Le Colonel Chabert*
- **Balzac**, *Le Lys dans la vallée*
- **Balzac**, *Le Père Goriot*
- **Barbey d'Aurevilly**, *L'Ensorcelée*
- **Barbey d'Aurevilly**, *Les Diaboliques*
- **Bataille**, *Ma mère*
- **Baudelaire**, *Les Fleurs du Mal*
- **Baudelaire**, *Petits poèmes en prose*
- **Beaumarchais**, *Le Barbier de Séville*
- **Beaumarchais**, *Le Mariage de Figaro*
- **Beauvoir**, *Mémoires d'une jeune fille rangée*
- **Beckett**, *Fin de partie*
- **Brecht**, *La Noce*
- **Brecht**, *La Résistible ascension d'Arturo Ui*
- **Brecht**, *Mère Courage et ses enfants*
- **Breton**, *Nadja*
- **Brontë**, *Jane Eyre*
- **Camus**, *L'Étranger*
- **Carroll**, *Alice au pays des merveilles*
- **Céline**, *Mort à crédit*
- **Céline**, *Voyage au bout de la nuit*

- **Chateaubriand**, *Atala*
- **Chateaubriand**, *René*
- **Chrétien de Troyes**, *Perceval*
- **Cocteau**, *Les Enfants terribles*
- **Colette**, *Le Blé en herbe*
- **Corneille**, *Le Cid*
- **Crébillon fils**, *Les Égarements du cœur et de l'esprit*
- **Defoe**, *Robinson Crusoé*
- **Dickens**, *Oliver Twist*
- **Du Bellay**, *Les Regrets*
- **Dumas**, *Henri III et sa cour*
- **Duras**, *L'Amant*
- **Duras**, *La Pluie d'été*
- **Duras**, *Un barrage contre le Pacifique*
- **Flaubert**, *Bouvard et Pécuchet*
- **Flaubert**, *L'Éducation sentimentale*
- **Flaubert**, *Madame Bovary*
- **Flaubert**, *Salammbô*
- **Gary**, *La Vie devant soi*
- **Giraudoux**, *Électre*
- **Giraudoux**, *La Guerre de Troie n'aura pas lieu*
- **Gogol**, *Le Mariage*
- **Homère**, *L'Odyssée*
- **Hugo**, *Hernani*
- **Hugo**, *Les Misérables*
- **Hugo**, *Notre-Dame de Paris*
- **Huxley**, *Le Meilleur des mondes*
- **Jaccottet**, *À la lumière d'hiver*
- **James**, *Une vie à Londres*
- **Jarry**, *Ubu roi*
- **Kafka**, *La Métamorphose*
- **Kerouac**, *Sur la route*
- **Kessel**, *Le Lion*

- **La Fayette**, *La Princesse de Clèves*
- **Le Clézio**, *Mondo et autres histoires*
- **Levi**, *Si c'est un homme*
- **London**, *Croc-Blanc*
- **London**, *L'Appel de la forêt*
- **Maupassant**, *Boule de suif*
- **Maupassant**, *Le Horla*
- **Maupassant**, *Une vie*
- **Molière**, *Amphitryon*
- **Molière**, *Dom Juan*
- **Molière**, *L'Avare*
- **Molière**, *Le Malade imaginaire*
- **Molière**, *Le Tartuffe*
- **Molière**, *Les Fourberies de Scapin*
- **Musset**, *Les Caprices de Marianne*
- **Musset**, *Lorenzaccio*
- **Musset**, *On ne badine pas avec l'amour*
- **Perec**, *La Disparition*
- **Perec**, *Les Choses*
- **Perrault**, *Contes*
- **Prévert**, *Paroles*
- **Prévost**, *Manon Lescaut*
- **Proust**, *À l'ombre des jeunes filles en fleurs*
- **Proust**, *Albertine disparue*
- **Proust**, *Du côté de chez Swann*
- **Proust**, *Le Côté de Guermantes*
- **Proust**, *Le Temps retrouvé*
- **Proust**, *Sodome et Gomorrhe*
- **Proust**, *Un amour de Swann*
- **Queneau**, *Les Fleurs bleues*
- **Quignard**, *Tous les matins du monde*
- **Rabelais**, *Gargantua*
- **Rabelais**, *Pantagruel*

- **Racine**, *Andromaque*
- **Racine**, *Bérénice*
- **Racine**, *Britannicus*
- **Racine**, *Phèdre*
- **Renard**, *Poil de carotte*
- **Rimbaud**, *Une saison en enfer*
- **Sagan**, *Bonjour tristesse*
- **Saint-Exupéry**, *Le Petit Prince*
- **Sarraute**, *Enfance*
- **Sarraute**, *Tropismes*
- **Sartre**, *Huis clos*
- **Sartre**, *La Nausée*
- **Senghor**, *La Belle histoire de Leuk-le-lièvre*
- **Shakespeare**, *Roméo et Juliette*
- **Steinbeck**, *Les Raisins de la colère*
- **Stendhal**, *La Chartreuse de Parme*
- **Stendhal**, *Le Rouge et le Noir*
- **Verlaine**, *Romances sans paroles*
- **Verne**, *Une ville flottante*
- **Verne**, *Voyage au centre de la Terre*
- **Vian**, *J'irai cracher sur vos tombes*
- **Vian**, *L'Arrache-cœur*
- **Vian**, *L'Écume des jours*
- **Voltaire**, *Candide*
- **Voltaire**, *Micromégas*
- **Zola**, *Au Bonheur des Dames*
- **Zola**, *Germinal*
- **Zola**, *L'Argent*
- **Zola**, *L'Assommoir*
- **Zola**, *La Bête humaine*
- **Zola**, *Nana*
- **Zola**, *Pot-Bouille*